COLLECTION CUISINE CONVIVIALE

30 recettes du Sud-Ouest

Recettes : Sophie Rohaut
Photos : Sylvie Aït-Ali

EDITIONS ESI
60, rue Vitruve, 75 020 Paris

Imprimé en France par Pollina - Luçon - L56776
© Éditions ESI - Dépôt légal : avril 2011 - Achevé d'imprimer : mars 2011- ISBN : 978-2-35355-676-2 - N° Sofedis : S461129

8

16

20

24

32

36

38

44

Axoa de veau et poulet

Préparation : 20 minutes • Cuisson : 1 heure • Difficulté : ★ Budget : ★★

Pour 6 personnes

- **500 g d'épaule de veau**
- **500 g de blancs de poulet**
- **2 oignons**
- **1 gousse d'ail**
- **1 poivron rouge**
- **1 poivron vert**
- **4 cuil. à soupe d'huile d'olive**
- **250 g de jambon de Bayonne**
- **Piment d'Espelette en poudre**
- **Sel et poivre**

Coupez le veau et le poulet en morceaux. Émincez les oignons et hachez l'ail. Découpez les poivrons en petits dés.

Faites chauffer 2 cuil. à soupe d'huile d'olive dans une poêle et faites dorer les morceaux de viande. Salez et poivrez. Réservez.

Dans une sauteuse, versez le reste d'huile d'olive et faites fondre les oignons, l'ail et les dés de poivrons. Au bout de 15 minutes environ, ajoutez le jambon de Bayonne coupé en dés, les viandes et versez un peu d'eau. Couvrez et laissez mijoter 30 minutes.

Retirez le couvercle et poursuivez la cuisson 10 minutes pour laisser évaporer l'eau. Saupoudrez de piment d'Espelette et servez.

Conseil : vous pouvez remplacer la viande par du thon frais.

Cannelés aux fines herbes et piment d'Espelette

Préparation : 20 minutes • Cuisson : 40 minutes • Difficulté : ★ Budget : ★

Pour 16 cannelés

- **1 œuf + 1 jaune**
- **100 g de farine**
- **50 cl de lait**
- **60 g de beurre**
- **Piment d'Espelette en poudre**
- **6 brins de ciboulette**
- **½ bouquet de cerfeuil**
- **½ bouquet de persil**
- **Sel**

Préchauffez le four à 210 °C (th. 7).

Dans un saladier, battez l'œuf et le jaune d'œuf, puis incorporez la farine. Mélangez.

Versez le lait dans une casserole et ajoutez-y le beurre et une pincée de piment d'Espelette. Portez à ébullition puis versez dans le saladier sur le mélange œufs-farine. Remuez et salez l'ensemble.

Hachez les herbes puis ajoutez-les à la préparation. Mélangez bien.

Remplissez au trois quarts les moules à cannelé puis enfournez pour 35 minutes.

Laissez tiédir avant de démouler. Dégustez aussitôt.

Conseil : vous pouvez garder la base de la recette et variez les ingrédients ; fromages, lardons ou saumon fumé.

Cassoulet

Préparation : 1 heure • Cuisson : 3 h 30 • Macération : 24 heures • Difficulté : ★★ Budget : ★★

Pour 6 personnes

- **1 kg de mojettes**
- **1 bouquet garni**
- **3 gousses d'ail**
- **3 oignons**
- **2 carottes**
- **150 g de graisse d'oie**
- **2 cuil. à soupe de concentré de tomates**
- **1 morceau de couenne**
- **6 morceaux d'échine de porc**
- **250 g de poitrine de porc**
- **6 saucisses de Toulouse**
- **6 cuisses de canard confites**
- **Chapelure**
- **Sel et poivre**

La veille, faites tremper les haricots dans un grand volume d'eau afin de les laisser gonfler.

Placez les haricots égouttés dans une grande marmite avec le bouquet garni, les gousses d'ail épluchées et un oignon. Recouvrez d'eau et portez à ébullition. Écumez le dessus, ajoutez un peu d'eau et laissez cuire 1 h 30 à feu doux. Écumez régulièrement.

Épluchez les carottes et les 2 oignons restants et coupez-les en petits dés.

Dans une grande cocotte, déposez un peu de graisse d'oie et faites suer les carottes et les oignons. Ajoutez le concentré de tomates. Placez le morceau de couenne dans le fond puis mouillez avec un peu de jus de cuisson des haricots. Salez et poivrez. Laissez mijoter.

Découpez l'échine et la poitrine. Puis dans une grande poêle, faites revenir tous les morceaux de viande séparément dans la graisse de canard, égouttez pour retirer le surplus de gras puis réservez.

Égouttez les haricots après avoir vérifié la cuisson.

Préchauffez le four à 180 °C (th. 6).

Dans la cocotte, retirez la couenne de porc puis déposez les morceaux d'échine et de poitrine, les saucisses de Toulouse ainsi que les cuisses de canard. Recouvrez de haricots. Salez et saupoudrez de chapelure.

Enfournez 1 heure environ. Dès la sortie du four, retirez l'excédent de jus si besoin.

Conseil : ce plat se prépare facilement à l'avance.

Cocotte de veau aux pruneaux

Préparation : 20 minutes • Cuisson : 1 h 40 • Difficulté : ★ Budget : ★

Pour 4 personnes

- **600 g d'épaule de veau**
- **2 carottes**
- **2 oignons**
- **1 gousse d'ail**
- **3 cuil. à soupe d'huile d'olive**
- **25 cl de bouillon de volaille**
- **12 pommes de terre grenaille**
- **12 pruneaux dénoyautés**
- **Fleur de sel et poivre**

Préchauffez le four à 180 °C (th. 6).

Coupez l'épaule de veau en gros dés. Émincez les carottes, les oignons et l'ail.

Dans une cocotte allant au four, faites chauffez l'huile d'olive et faites revenir la viande.

Mouillez avec le bouillon de volaille, ajoutez les carottes, les oignons et l'ail. Saupoudrez de fleur de sel et de poivre. Couvrez la cocotte et enfournez pour 1 h 30.

Épluchez les pommes de terre 20 minutes avant la fin de la cuisson de la viande. Ajoutez-les avec les pruneaux dans la cocotte.

Servez bien chaud dès la sortie du four.

Conseil : vous pouvez aussi ajouter des morceaux de pommes.

Crèmes brûlées au foie gras

Préparation : 20 minutes • Repos : 3 heures • Cuisson : 25 minutes • Difficulté : ★ Budget : ★★★

Pour 4 personnes

- **150 g de foie gras mi-cuit**
- **20 cl de crème fleurette**
- **3 jaunes d'œufs**
- **Cassonade**
- **Sel et poivre**

Préchauffez le four à 90 °C (th. 3).

Coupez le foie gras en petits morceaux.

Portez à ébullition la crème fleurette avant de la verser sur le foie gras puis ajoutez les jaunes d'œufs. Salez et poivrez.

Mixez l'ensemble et répartissez la crème au foie gras dans des ramequins individuels.

Enfournez et laissez cuire 20 minutes.

Sortez les crèmes du four, laissez-les refroidir avant de les placer au réfrigérateur pour 3 heures au minimum.

Saupoudrez les crèmes au foie gras de cassonade et passez-les sous le chalumeau de cuisine ou le gril du four pour caraméliser. Servez aussitôt.

Conseil : vous pouvez verser un peu d'armagnac à la préparation au foie gras.

Croustillants de pommes au foie gras

Préparation : 20 minutes • Cuisson : 20 minutes • Difficulté : ★ Budget : ★★

Pour 4 personnes

- **2 pommes golden**
- **20 g de beurre**
- **1 cuil. à café d'armagnac**
- **200 g de foie gras cru**
- **4 feuilles de brick**
- **Sel et poivre**

Épluchez et découpez les pommes en petits cubes.

Faites chauffer le beurre dans une poêle et faites cuire les pommes afin que les petits cubes deviennent fondants. En fin de cuisson, versez l'armagnac et faites flamber l'ensemble. Réservez.

Découpez le foie gras en gros cubes et faites-les dorer dans la poêle ayant servi à la cuisson des pommes. Salez et poivrez pendant la cuisson. Retirez l'excédent de gras et réservez.

Préchauffez le four à 180 °C (th. 6).

Coupez les feuilles de brick en deux. Répartissez un peu de pomme sur chaque partie et posez des morceaux de foie gras dessus. Refermez délicatement en pliant pour former un petit paquet.

Enfournez et mettez les bricks à cuire 5 minutes au four pour faire dorer la brick.

Sortez du four et servez aussitôt.

Conseil : vous pouvez ajouter des raisins secs aux pommes.

Filets de sole roulés au jambon de Bayonne

Préparation : 20 minutes • Cuisson : 40 minutes • Difficulté : ★ Budget : ★★

Pour 4 personnes

- **4 filets de sole**
- **4 tranches de jambon de Bayonne**
- **Sel et poivre**

Pour le coulis de tomates

- **4 tomates de Marmande**
- **1 gousse d'ail**
- **1 oignon**
- **Huile d'olive**

Salez et poivrez les filets de sole. Déposez une tranche de jambon sur chaque filet. Placez chaque filet sur du film alimentaire.

Roulez les filets en boudins comme des bonbons. Placez-les dans un panier vapeur et faites-les cuire 15 minutes.

Préparez le coulis de tomates : plongez les tomates dans de l'eau bouillante pendant 15 secondes afin de faciliter le retrait de la peau.

Concassez les tomates et faites-les mijoter avec l'ail haché et l'oignon émincé dans un peu d'huile d'olive.

Mixez l'ensemble et répartissez dans 4 assiettes creuses.

Découpez les filets de sole et déposez les tranches au jambon sur le coulis de tomates.

Conseil : découpez les filets de sole et déposez les tranches au jambon sur le coulis de tomates.

Huîtres chaudes au champagne

Préparation : 25 minutes • Cuisson : 15 minutes • Difficulté : ★ Budget : ★★

Pour 4 personnes

- **24 huîtres n° 2**
- **10 cl de champagne**
- **20 cl de crème fraîche épaisse**
- **20 g de beurre**
- **1 jaune d'œuf**
- **1 cuil. à café de fécule de pomme de terre**
- **Gros sel et poivre**

Ouvrez les huîtres. Détachez-les délicatement de la coquille et déposez-les dans une sauteuse. Récupérez l'eau salée et versez-la aussi dans la sauteuse. Portez à ébullition et maintenez seulement 30 secondes.

Retirez les huîtres et réservez-les au chaud.

Rincez les coquilles vides et posez-les dans un plat sur du gros sel.

Versez l'eau de cuisson des huîtres dans une casserole et ajoutez le champagne puis poivrez. Portez à ébullition et laissez réduire aux deux tiers. Ajoutez la crème fraîche et laissez chauffer sur feu doux. Ajoutez le beurre, le jaune d'œuf et laissez cuire à feu doux puis versez la fécule et remuez jusqu'à épaississement de la sauce.

Préchauffez le gril du four.

Posez les huîtres dans les coquilles et nappez de sauce. Placez le plat sous le gril du four pendant 2 minutes. Servez aussitôt.

Conseil : vous pouvez remplacer le champagne par du vin blanc avec une goutte d'armagnac.

Lapin basquaise

Préparation : 30 minutes • Cuisson : 55 minutes • Difficulté : ★ Budget : ★

Pour 4 personnes

- **2 oignons**
- **2 gousses d'ail**
- **2 poivrons verts**
- **2 poivrons rouges**
- **6 cuil. à soupe d'huile d'olive**
- **500 g de tomates concassées en boîte**
- **15 cl de vin blanc**
- **4 cuisses de lapin**
- **Piment d'Espelette en poudre**
- **Sel et poivre**

Épluchez et émincez les oignons, les gousses d'ail et les poivrons.

Faites chauffer 4 cuil. à soupe d'huile d'olive dans une cocotte. Déposez les oignons et l'ail dans un premier temps pour les faire fondre puis ajoutez les poivrons et les tomates pelées et concassées. Salez, poivrez et versez le vin blanc. Laissez mijoter 20 minutes à feu moyen.

Dans une poêle, faites chauffer 2 cuil. à soupe d'huile d'olive et faites cuire et dorer les cuisses de lapin. Ajoutez-les ensuite dans la cocotte avec une pincée de piment d'Espelette et laissez mijoter de nouveau 20 minutes à feu doux.

Servez bien chaud.

Conseil : vous pouvez ajouter des lanières de jambon de Bayonne à la préparation.

Magrets de canard au piment d'Espelette et aux pêches

Préparation : 20 minutes • Cuisson : 35 minutes • Difficulté : ★ Budget : ★★

Pour 4 personnes

- **Piment d'Espelette en poudre**
- **2 magrets de canard**
- **8 pêches**
- **20 g de beurre**
- **5 cl de vin blanc moelleux**
- **5 cl de vinaigre de Xérès**
- **Fleur de sel**

Préchauffez le four à 210 °C (th. 7).

Saupoudrez légèrement de piment d'Espelette et de fleur de sel chaque magret. Placez-les dans un plat et enfournez pour 20 minutes.

Pendant ce temps, épluchez et coupez les pêches en deux puis ôtez le noyau. Faites fondre le beurre dans une poêle et déposez les demi-pêches pour les faire légèrement caraméliser. Réservez au chaud. Déglacez la poêle avec le vin blanc et le vinaigre.

Sortez les magrets du four et coupez-les en tranches. Répartissez les morceaux dans chaque assiette avec les pêches. Nappez de sauce et servez aussitôt.

Conseil : servez les magrets avec une purée de pommes de terre ou un gratin dauphinois.

Panna cotta au roquefort

Préparation : 20 minutes • Cuisson : 10 minutes • Repos : 4 heures • Difficulté : ★ Budget : ★

Pour 4 personnes

- **4 feuilles de gélatine**
- **30 cl de crème fleurette**
- **15 cl de lait**
- **150 g de roquefort**

Faites tremper les feuilles de gélatine dans un grand volume d'eau froide.

Dans une casserole, faites chauffer la crème fleurette et le lait avec le roquefort coupé en petits morceaux jusqu'à ce que le fromage soit fondu.

Égouttez la gélatine et ajoutez-la à la crème de roquefort chaude. Remuez.

Mixez la préparation au roquefort afin qu'elle soit parfaitement lisse.

Versez la panna cotta dans des ramequins ou verrines et placez au réfrigérateur au moins 4 heures.

Servez bien frais.

Conseil : vous pouvez ajouter des noix concassées.

Parmentier de canard à la patate douce

Préparation : 30 minutes • Cuisson : 55 minutes • Difficulté : ★ Budget : ★

Pour 6 personnes

- **3 patates douces**
- **15 cl de crème fraîche épaisse**
- **4 cuisses de canard confites**
- **4 échalotes**
- **Sel et poivre**

Épluchez les patates douces et coupez-les en morecaux. Placez-les dans un grand volume d'eau bouillante salée. Laissez cuire les patates une vingtaine de minutes afin que la chair devienne tendre.

Égouttez et écrasez les morceaux de patate douce à la fourchette ou utilisez un moulin à purée. Salez, poivrez et ajoutez la crème fraîche pour rendre la purée plus onctueuse.

Émiettez les cuisses de canard. Dans une sauteuse, faites revenir les échalotes émincées dans un peu de gras des cuisses de canard. Ajoutez ensuite le canard émietté et faites dorer l'ensemble 15 minutes à feu doux. Salez et poivrez.

Préchauffez le four à 180 °C (th. 6).

Dans un grand plat ou des cocottes individuelles, placez une couche de canard dans le fond et recouvrez de purée de patates douces.

Enfournez et laissez cuire pendant 15 minutes. Servez chaud.

Conseil : vous pouvez ajouter des éclats de foie gras au canard.

Petits flans d'asperges d'Aquitaine au cœur de langoustine

Préparation : 20 minutes • Cuisson : 55 minutes • Difficulté : ★ Budget : ★★

Pour 6 personnes

- **2 bottes d'asperges blanches d'Aquitaine**
- **250 g de crème liquide**
- **3 œufs**
- **50 cl de fumet de poisson**
- **6 langoustines**
- **Sel et poivre**

Pelez puis coupez l'extrémité dure des asperges.

Faites cuire les asperges dans de l'eau bouillante salée entre 15 et 20 minutes. Puis refroidissez-les dans de l'eau froide.

Mixez les asperges bien égouttées afin d'obtenir une purée. Ajoutez à cette purée la crème liquide et les œufs, salez et poivrez l'ensemble puis mélangez.

Faites chauffer le fumet de poisson. Plongez-y les langoustines pendant 5 minutes puis égouttez-les. Épluchez les langoustines afin de ne conserver que la queue et réservez.

Préchauffez le four à 150 °C (th. 5).

Remplissez 6 ramequins avec la préparation aux asperges, placez au centre une langoustine. Enfournez et laissez cuire 30 minutes.

Démoulez et dégustez chaud ou tiède.

Conseil : vous pouvez napper les petits flans d'un coulis de tomates ou de poivrons.

Piperade

Préparation : 20 minutes • Cuisson : 1 heure • Difficulté : ★ Budget : ★

Pour 4 personnes

- **8 tomates**
- **4 poivrons verts**
- **2 oignons**
- **3 gousses d'ail**
- **2 cuil. à soupe d'huile d'olive**
- **8 œufs**
- **4 tranches de jambon de Bayonne**
- **Piment d'Espelette en poudre**
- **Sel et poivre**

Faites bouillir de l'eau dans une casserole. Plongez-y les tomates pendant 30 secondes. Égouttez-les puis épluchez et concassez les tomates.

Épépinez les poivrons, puis retirez la peau avant de les faire blanchir 5 minutes dans une eau bouillante salée.

Émincez les oignons et l'ail.

Dans une sauteuse, versez l'huile d'olive et faites cuire à feu doux l'ail et les oignons sans trop les colorer. Ajoutez les poivrons verts, les tomates coupées et laissez cuire pendant 40 minutes à feu doux et à couvert.

Battez les œufs dans un récipient, salez et poivrez puis versez-les sur la préparation. Surveillez la cuisson, jusqu'à ce que les œufs soient brouillés.

Disposez les tranches de jambon de Bayonne sur la piperade et parsemez de piment d'Espelette. Servez immédiatement.

Conseil : vous pouvez servir la piperade dans des cocottes individuelles, déposez du cantal et faites gratiner au four.

Piquillos farcis

Préparation : 30 minutes • Cuisson : 50 minutes • Difficulté : ★★ Budget : ★

Pour 4 personnes

- **1 boîte de piquillos**
- **3 poivrons rouges**
- **1 gousse d'ail**
- **4 cuil. à café d'huile d'olive**
- **10 cl de crème liquide**
- **400 g de brandade de morue**
- **Sel, fleur de sel et poivre**

Égouttez les piquillos et placez-les sur du papier absorbant.

Préparez la sauce aux poivrons : épluchez les poivrons et coupez-les en lanières. Faites-les cuire 30 minutes environ à feu doux avec la gousse d'ail émincée et 2 cuil. à soupe d'huile d'olive. Salez et poivrez. Les poivrons doivent devenir fondants. Ajoutez la crème fraîche en fin de cuisson puis mixez l'ensemble.

Préchauffez le four à 150 °C (th. 5).

Une fois les piquillos égouttés, garnissez-les de brandade de morue et fermez-les à l'aide d'un cure-dent si besoin.

Placez les piquillos dans un plat allant au four. Arrosez d'huile d'olive et de fleur de sel puis nappez de sauce aux poivrons et laissez cuire 20 minutes. Servez aussitôt.

Conseil : vous pouvez remplacer les piquillos par des chipirons.

Quiche landaise

Préparation : 20 minutes • Cuisson : 1 heure • Difficulté : ★ Budget : ★

Pour 6 personnes

- **1 oignon**
- **1 cuil. à soupe d'huile d'olive**
- **400 g de gésiers de canard confit**
- **3 œufs**
- **25 cl de crème liquide**
- **1 rouleau de pâte brisée**
- **4 cabécous**
- **Sel et poivre**

Préchauffez le four à 180 °C (th. 6).

Épluchez et émincez finement l'oignon.

Faites chauffer l'huile d'olive dans une poêle et ajoutez l'oignon émincé. Faites-le fondre puis ajoutez les gésiers. Laissez cuire l'ensemble à feu doux pendant 10 à 15 minutes environ.

Battez les œufs en omelette et versez la crème liquide. Salez, poivrez et mélangez le tout.

Étalez la pâte brisée dans un moule à tarte. Disposez le mélange oignons et gésiers. Versez la préparation œuf-crème.

Déposez sur le dessus les cabécous coupés en deux.

Enfournez la quiche et laissez cuire pendant 40 minutes.

Laissez tiédir avant de déguster.

Conseil : vous pouvez ajouter des champignons frais à la quiche.

Ravioles de foie gras et son émulsion aux cèpes

Préparation : 40 minutes • Cuisson : 30 minutes • Difficulté : ★★ Budget : ★★★

Pour 4 personnes

- **300 g de cèpes**
- **25 g de beurre**
- **2 échalotes**
- **1 gousse d'ail**
- **150 g de foie gras cru**
- **1 paquet de pâte à raviolis**
- **1 jaune d'œuf**
- **1 cube de bouillon de volaille**
- **25 cl de crème liquide**
- **Sel et poivre**

Lavez et nettoyez les cèpes.

Dans une poêle, faites chauffez le beurre et faites-y dorer les échalotes et la gousse d'ail émincées. Ajoutez les champignons essorés et séchés. Salez et poivrez. Faites-les cuire 10 minutes environ. Réservez.

Coupez le foie gras en 12 gros cubes. Salez et poivrez-les.

Au centre de 12 feuilles de raviolis, placez un morceau de foie gras. Badigeonnez de jaune d'œuf mélangé avec un peu d'eau. Puis placez une seconde feuille de raviolis sur le dessus. Soudez avec les doigts. Utilisez un emporte-pièce pour réduire la taille de la raviole.

Faites chauffer une casserole d'eau bouillante avec un cube de bouillon de volaille. Plongez les ravioles et laissez-les cuire une minute. Égouttez chaque raviole et réservez sur du papier absorbant.

Versez la crème liquide sur les champignons et mixez l'ensemble. Ajoutez un peu de bouillon de volaille si la consistance est trop épaisse.

Répartissez la sauce mousseuse aux cèpes dans des assiettes creuses puis déposez-y 4 ravioles. Servez aussitôt.

Conseil : vous pouvez préparer une garniture aux champignons et la placer dans les ravioles avec le foie gras.

Risotto aux gambas et à l'ail rose

Préparation : 10 minutes • Cuisson : 30 minutes • Difficulté : ★ Budget : ★★

Pour 4 personnes

- **20 g de beurre**
- **2 cuil. à soupe d'huile d'olive**
- **1 oignon**
- **4 gousses d'ail rose de Lautrec**
- **250 g de riz à risotto**
- **20 cl de vin blanc sec**
- **40 cl de fumet de poisson**
- **12 gambas**
- **Sel et poivre**

Faites chauffer le beurre et l'huile d'olive dans une cocotte et faites-y revenir l'oignon et les gousses d'ail finement ciselés. Ajoutez le riz et remuez sans arrêt jusqu'à ce qu'il devienne transparent.

Versez le vin, salez et poivrez à votre convenance. Remuez.

Une fois le vin évaporé, versez la moitié du fumet de poisson et laissez mijoter à couvert jusqu'à absorption. Renouvelez louche par louche jusqu'à ce que le riz soit cuit (environ 20 minutes).

Cinq minutes avant la fin de la cuisson, déposez les queues de gambas décortiquées. Servez chaud.

Conseil : vous pouvez ajouter du mascarpone en fin de cuisson pour rendre le risotto plus crémeux.

Tartines du Sud-Ouest

Préparation : 15 minutes • Cuisson : 15 minutes • Difficulté : ★ Budget : ★

Pour 4 tartines

- **4 tranches de pain de campagne**
- **1 oignon**
- **Beurre**
- **2 cuil. à soupe de confiture de prunes**
- **12 tranches de magrets de canard fumé**
- **4 cabécous**
- **Sel**

Grillez les tranches de pain de campagne puis laissez-les refroidir.

Épluchez et émincez l'oignon finement. Faites fondre une noix de beurre dans une poêle et faites-le dorer doucement. Salez.

Tartinez chaque tranche de pain de confiture de prunes. Déposez l'oignon tendre puis répartissez les tranches de magret de canard fumé.

Préchauffez le four en position gril.

Découpez les cabécous en deux puis déposez 2 moitiés sur les tranches de pain.

Placez les tartines sur une plaque allant au four et faites gratiner 5 minutes pour que le chèvre soit fondant. Dégustez aussitôt.

Conseil : servez avec une salade parfumée au vinaigre de noix.

Velouté de haricots tarbais aux éclats de foie gras

Préparation : 20 minutes • Cuisson : 1 h 15 • Macération : 24 heures • Difficulté : ★ Budget : ★★

Pour 4 personnes

- **300 g de haricots tarbais secs**
- **25 g de beurre**
- **2 oignons**
- **50 cl de lait**
- **50 cl de bouillon de volaille**
- **50 cl de crème liquide**
- **150 g de foie gras cru**
- **Sel, fleur de sel et poivre**

La veille, faites tremper les haricots dans un grand volume d'eau froide afin de les faire gonfler.

Égouttez les haricots et faites-les blanchir 2 minutes dans une casserole d'eau bouillante salée.

Dans une cocotte faites chauffer le beurre et faites fondre les oignons émincés. Ajoutez ensuite les haricots puis le lait et le bouillon de volaille. Salez et poivrez. Couvrez puis laissez mijoter à feu moyen pendant 1 heure.

Une fois les haricots cuits, mixez l'ensemble en ajoutant progressivement la crème fraîche liquide.

Découpez le foie gras en gros cubes. Saupoudrez les morceaux de fleur de sel puis poivrez. Faites-les dorer dans une poêle, en retirant l'excès de gras.

Versez le velouté dans des assiettes creuses et déposez les éclats de foie gras au centre. Dégustez aussitôt.

Conseil : vous pouvez remplacer le foie gras par de fines tranches de lard grillé.

Crumble pommes-pruneaux

Préparation : 30 minutes • Cuisson : 45 minutes • Difficulté : ★ Budget : ★

Pour 4 personnes

Pour la pâte à crumble
- **60 g de cassonade**
- **100 g de farine**
- **60 g de beurre mou**

- **3 pommes**
- **150 g de pruneaux dénoyautés**
- **Beurre**
- **1 cuil. à café de cannelle en poudre**

Préparez la pâte à crumble : mélangez la cassonade et la farine. Incorporez le beurre coupé en petits morceaux.

Malaxez la pâte du bout des doigts afin de lui donner une consistance sableuse. Elle doit être friable et sans gros morceaux. Réservez.

Pelez et épépinez les pommes. Coupez-les en quartiers. Coupez les pruneaux en deux.

Faites chauffer une noix de beurre dans une poêle et déposez les pommes. Laissez-les compoter pendant 15 minutes. Saupoudrez de cannelle et ajoutez un peu d'eau si besoin.

Préchauffez le four à 180 °C (th. 6).

Disposez les pommes au fond d'un plat à gratin et ajoutez les pruneaux. Répartissez la pâte à crumble sur le dessus.

Enfournez et laissez cuire pendant 30 minutes.

Laissez tiédir avant de déguster.

Conseil : vous pouvez ajouter de la poudro d'amandes à la préparation de la pâte à crumble.

Gâteau basque à la cerise noire

Préparation : 20 minutes • Repos : 30 minutes • Cuisson : 40 minutes • Difficulté : ★ Budget : ★

Pour 6 personnes

- **300 g de farine**
- **200 g de beurre mou**
- **200 g de sucre**
- **1 sachet de levure chimique**
- **1 œuf + 3 jaunes**
- **250 g de confiture de cerises noires**

Préchauffez le four à 180 °C (th. 6).

Mélangez la farine, le beurre coupé en petits cubes, le sucre, la levure, un œuf entier et 2 jaunes d'œufs. Travaillez la pâte à la main afin d'obtenir un mélange lisse et ferme. Former une boule et laissez-la reposer 30 minutes au réfrigérateur.

Séparez la pâte en deux portions, l'une étant un peu plus grosse que l'autre.

Étalez au rouleau la partie la plus grosse de pâte et tapissez le fond d'un moule rond antiadhésif en faisant dépasser la pâte des parois.

Nappez la pâte de confiture de cerises noires. Étalez la seconde boule de pâte et déposez-la par-dessus en rabattant les bords et en soudant les deux parties.

Tracez des croisillons à la fourchette sur le dessus de la pâte et badigeonnez au pinceau de jaune d'œuf mélangé avec un peu d'eau.

Enfournez et faites cuire pendant 40 minutes.

Démoulez et laissez refroidir avant de déguster.

Conseil : vous pouvez remplacer la confiture de cerises noires par de la crème pâtissière.

Moelleux au chocolat et son cœur de cerise noire

Préparation : 20 minutes • Cuisson : 15 minutes • Difficulté : ★ Budget : ★

Pour 4 personnes

- **2 œufs**
- **50 g de sucre**
- **30 g de farine**
- **100 g de beurre**
- **100 g de chocolat noir**
- **4 cuil. à café de confiture de cerises noires**

Préchauffez le four à 200 °C (th. 6-7).

Dans un saladier, fouettez les œufs avec le sucre. Le mélange doit blanchir et devenir mousseux. Ajoutez la farine et mélangez de nouveau.

Dans une casserole, faites fondre le beurre avec le chocolat. Versez ensuite sur la préparation œufs-sucre-farine. Mélangez.

Répartissez la moitié de la pâte dans des ramequins individuels. Déposez 1 cuil. à café de confiture de cerises noires au centre puis versez le reste de pâte.

Enfournez et faites cuire pour 10 minutes. Démoulez ou servez directement dans les ramequins.

Conseil : vous pouvez déposer une boule de glace sur le moelleux chaud.

Mousses aux pruneaux d'Agen

Préparation : 30 minutes • Cuisson : 5 minutes • Repos : 3 heures • Difficulté : ★ Budget : ★

Pour 4 personnes

- **200 g de pruneaux d'Agen**
- **100 g de sucre**
- **3 blancs d'œufs**
- **15 cl de crème fleurette**
- **Sel**

Dénoyautez les pruneaux et hachez-les finement.

Dans une casserole, faites cuire le sucre avec un peu d'eau pour obtenir un sirop très épais.

Montez les blancs d'œufs en neige avec une pincée de sel. Puis versez dessus le sirop et ajoutez la purée de pruneaux. Mélangez délicatement.

Fouettez la crème en chantilly.

Ajoutez la chantilly aux blancs en neige aux pruneaux et mélangez.

Répartissez la mousse dans des verrines ou coupelles et placez au frais au moins 3 heures.

Conseil : vous pouvez ajouter un peu d'armagnac à la mousse de pruneaux.

Petits cakes aux noix du Périgord

Préparation : 15 minutes • Cuisson : 30 minutes • Difficulté : ★ Budget : ★

Pour 6 personnes

- **100 g de sucre**
- **100 g de beurre mou**
- **3 cuil. à soupe de miel**
- **150 g de farine**
- **1 sachet de levure chimique**
- **3 œufs**
- **200 g de cerneaux de noix**

Préchauffez le four à 210 °C (th. 7).

Mélangez le sucre et le beurre ramolli. L'ensemble doit blanchir et devenir mousseux.

Ajoutez ensuite le miel, la farine, la levure et les œufs. Mélangez bien. Puis incorporez les noix.

Versez la préparation dans des petits moules à cake.

Enfournez et laissez cuire pendant 30 minutes. Démoulez une fois les cakes tièdes. Dégustez aussitôt.

Conseil : vous pouvez ajouter des pépites de chocolat ou du cacao à la préparation.

Riz au lait et confiture de cerises noires

Préparation : 10 minutes • Cuisson : 45 minutes • Difficulté : ★ Budget : ★

Pour 6 personnes

- **1 l de lait entier**
- **180 g de riz rond**
- **60 g de sucre**
- **200 g de confiture de cerises noires**

Versez le lait dans une casserole. Dès que le lait commence à bouillir, versez le riz et laissez cuire à feu doux à couvert pendant 30 à 40 minutes. 10 minutes avant la fin de la cuisson, saupoudrez de sucre.

Laissez tiédir le riz à température ambiante.

Répartissez la confiture de cerises noires dans le fond de 6 verrines puis recouvrez de riz au lait. Servez aussitôt ou réservez à température ambiante.

Conseil : pour un effet visuel, vous pouvez alterner plusieurs fois le riz avec la confiture de cerises noires.

Sabayon de pêches jaunes

Préparation : 20 minutes • Cuisson : 15 minutes • Difficulté : ★ Budget : ★

Pour 4 personnes

- **6 pêches jaunes**
- **1 cuil. à soupe de sucre glace**
- **Le jus de 1 orange**
- **10 cl de vin blanc doux**
- **120 g de crème liquide**
- **60 g de sucre**
- **4 jaunes d'œufs**

Lavez et essuyez les pêches. Sans les peler, coupez-les en deux, dénoyautez-les puis tranchez-les en petits quartiers.

Disposez les quartiers en forme de rosace dans quatre petits plats à gratin et saupoudrez-les de sucre glace. Réservez-les à température ambiante.

Préchauffez le gril du four.

Préparez un bain-marie en portant à frémissements une casserole à moitié remplie d'eau.

Préparez le sabayon : mettez dans une casserole (plus petite que celle du bain-marie) le jus d'orange, le vin, la crème, le sucre et les jaunes d'œufs. Mélangez au fouet.

Placez la casserole dans le bain-marie chauffé sur feu doux. Fouettez 10 minutes le temps que le sabayon épaississe assez.

Répartissez le sabayon sur les rosaces de pêche. Laissez-les légèrement gratiner sous le gril du four et servez aussitôt.

Conseil : vous pouvez préparer le sabayon 24 heures à l'avance et le verser sur les fruits au dernier moment.

Soupe glacée de melon charentais

Préparation : 15 minutes • Congélation : 1 heure • Difficulté : ★ Budget : ★

Pour 4 personnes

- **2 melons charentais**
- **Le jus de 1 citron**
- **1 cuil. à café de pineau des Charentes**

Coupez les melons en deux et retirez les pépins au centre. Récupérez la chair des melons.

Placez les morceaux de melon dans un blender avec le jus de citron et le pineau. Mixez l'ensemble et versez dans des verrines ou des coupelles.

Placez au congélateur 1 heure avant de servir.

Conseil : vous pouvez ajouter des feuilles de basilic frais et les mixer avec le melon.

Tartelettes au chocolat et piment d'Espelette

Préparation : 20 minutes • Cuisson : 40 minutes • Difficulté : ★ Budget : ★

Pour 4 personnes

- **1 pâte sablée**
- **25 cl de crème liquide**
- **½ cuil. à café de piment d'Espelette en poudre**
- **200 g de chocolat noir à 70 % de cacao**
- **2 œufs**

Préchauffez le four à 180 °C (th. 6).

Déroulez la pâte sablée. Tapissez 4 moules à tartelettes. Piquez les fonds avec une fourchette. Déposez du papier de cuisson sur les 4 tartelettes et éparpillez des légumes secs ou des billes de cuisson. Faites cuire à blanc pendant 15 minutes.

Dans une casserole, versez la crème liquide et saupoudrez de piment d'Espelette puis portez l'ensemble à ébullition.

Hors du feu, ajoutez le chocolat cassé en petits morceaux. Mélangez bien afin que l'ensemble soit bien lisse.

Battez les œufs et incorporez-les à la préparation au chocolat. Versez dans les fonds de tartelette.

Enfournez et faites cuire pour 20 minutes.

Laissez tiédir avant de démouler. Servez tiède ou froid.

Conseil : vous pouvez accompagner chaque tartelette de crème anglaise.

Tourtière landaise

Préparation : 30 minutes • Cuisson : 30 minutes • Difficulté : ★★ Budget : ★

Pour 4 personnes

- **1 kg de pommes**
- **150 g de beurre**
- **1 cuil. à soupe d'eau de fleur d'oranger**
- **100 g de sucre**
- **5 cl d'armagnac**
- **16 feuilles de pâte filo**

Épluchez, épépinez et coupez les pommes en tranches.

Faites chauffer 30 g de beurre et faites cuire les pommes, versez l'eau de fleur d'oranger et 20 g de sucre. Laissez compoter 15 minutes puis flambez les pommes avec l'armagnac.

Faites fondre le reste du beurre.

Étalez toutes les feuilles à filo et enduisez-les de beurre fondu puis saupoudrez de sucre.

Préchauffez le four à 210 °C (th. 7).

Dans un plat, déposez 7 feuilles à filo beurrées et sucrées et recouvrez de pommes flambées à l'armagnac. Couvrez les pommes avec 7 autres feuilles à filo puis froissez les 2 dernières feuilles et versez du beurre fondu et du sucre sur le dessus.

Enfournez et laissez cuire 15 minutes. Placez une feuille de papier d'aluminium sur le dessus si cela colore trop vite.

Laissez refroidir avant de déguster tiède.

Conseil : vous pouvez ajouter des pruneaux aux pommes